EXTRAIT

DE *L'ESPÉRANCE*, *COURRIER DE NANCY*.

(Numéros du 8 et du 10 avril 1841.)

PARIS FORTIFIÉ.

Une question longuement débattue, où militaient, de part et d'autre, de graves arguments et surtout de vives passions, vient d'être décidée par l'affirmative.

Jusqu'au dernier moment, l'issue de la lutte avait pu sembler incertaine. Les adversaires de la défense de Paris, unis de vœux et d'efforts, quoique animés d'inspirations bien diverses, ne désespéraient point du succès. Guidés, les uns, par leur conscience et par une prudence louable en principe ; les autres, par un esprit d'antagonisme, soit politique, soit simplement parlementaire; d'autres enfin , par des sentiments d'égoïsme, de paresse ou de peur; tous ils comptaient sur la chambre des Pairs, pour un rejet dont les conséquences devaient avoir une immense portée.

Mais ce premier corps de l'Etat les a trompés dans leur attente. A soixante voix de majorité, la loi des fortifications vient d'y être admise, entière et sans amendements. Paris sera bastionné.

Est-ce un bien ? est-ce un mal ?

1841

Je respecte toutes les convictions sincères; mais, usant, pour ma part, du droit d'opiner, accordé à tous les Français, j'oserai, sans m'effaroucher du bruit, affirmer et soutenir QUE C'EST UN BIEN.

Sortons des préoccupations du moment, perdons de vue nos petites querelles ; embrassons, par notre coup-d'œil, les intérêts généraux de la patrie, non pas pour trois ans ni pour six, mais pour cent, pour deux cents années. Volontairement éclairés, comme on l'est par la retraite, qui élargit et coordonne les idées, ou comme on le devient par la religion, qui donne le calme au sein de la vie active et la rectitude au milieu des altercations du monde, élevons-nous à la justice et à la justesse : il nous deviendra facile de partager la manière de voir du Sage dont s'honore Nancy (1).

Les partis les plus opposés, je le sais, s'accordent à tout peindre en noir, et l'on nous prodigue à l'envi les prédictions effrayantes. Danger pour le Pouvoir, s'écrient les conservateurs; danger pour la liberté, s'écrient les zélateurs du mouvement. — A travers cette double clameur, dont nos oreilles sont assourdies, j'entends le bon sens dire à demi-voix que deux reproches contradictoires se détruisent au lieu de s'étayer.

Eh ! de grâce, concitoyens, enfants de la France, défions-nous un peu moins les uns des autres; défions-nous un peu plus de l'Étranger.

Comment se fait aujourd'hui la grande guerre ? Par masses d'hommes portées sur un seul point. On ne procède plus pied à pied et par conquêtes successives. Traversant à la hâte les provinces, sans se donner la peine

(1) Le lieutenant-général comte Drouot.

de les soumettre, on réunit ses corps d'armée et l'on court droit aux capitales, pour tâcher de gagner la partie en un seul coup.

Or, si vous exceptez l'Angleterre (qui ne craint point qu'avec des ponts à la Xercès on puisse jeter chez elle des centaines de milliers de soldats), il n'y a pas une seule puissance, j'entends du premier ordre, dont la capitale soit aussi exposée que la nôtre ; dont le foyer de vie soit ainsi placé à cinquante ou soixante lieues du point de départ de ses ennemis.

Et quelle capitale, encore ! Celle de toutes, en Europe, dont la possession est la plus décisive pour l'acquiescement muet du pays.

Est-ce donc que l'on oublie notre excessive centralisation ? Non, puisque, dans la discussion même qui nous occupe, on en a fait un épouvantail. — Certes on a grande raison d'en maudire les abus, et ce n'est pas l'auteur de cet article qui voudra venir à l'encontre, lui qui s'est associé, quand il l'a fallu, non pas à des phrases seulement, mais à des actes, mais à de gigantesques efforts de deux années, pour essayer d'en atténuer l'un des plus cruels et des plus stupides effets : le bannissement de l'intelligence et de l'économie du sein des établissements de bienfaisance. — Mais ce vieux mal, devenu le vice dominant de notre époque, la loi nouvelle l'augmentera-t-elle beaucoup ? Point, car il est parvenu à son comble. Caressé comme projet par Philippe-le-Bel; commencé sérieusement par Louis XI; continué par Richelieu, poursuivi par Louis XIV; favorisé par 89, étendu par 93 ; affermi par Napoléon; perfectionné encore depuis, par l'infatigable accaparement des bureaux ministériels, à qui les Chambres n'ont jamais eu le courage de savoir donner tort une fois

jusqu'au bout (1) : l'édifice de l'unitarisme administra-
tif en est arrivé à un point d'exagération au delà duquel
on ne peut plus rien concevoir. A ce despotisme cen-
tral, œuvre des siècles et fléau dont notre patrie a le
funeste privilége, la fortification tant blâmée n'ajoutera
rien. Elle en fera même disparaître l'un des périls les
plus fâcheux; car, prêtant du moins appui au principe
national, elle nous garantira l'indépendance, à défaut
de la liberté. Esclaves de manière ou d'autre, les provinces pourraient–elles balancer sur le choix? Il vaut
un peu mieux, à coup sûr, avoir pour maîtres les Pari-
siens... que les Russes campés dans Paris.

Voyons les choses comme elles sont, et sans nous
faire illusion.

Que faut-il, dans l'état présent, pour opérer la con-
quête et la soumission de la France? — Tant qu'on
reste hors de Paris, six-cent mille hommes ou davan-
tage. Quand on est entré dans Paris, quinze hommes.

— Eh quoi, quinze hommes! — Oui vraiment; les
quinze courriers de la malle. Qu'un jour, en partant
à six heures, ils mettent à leur chapeau des cocardes
jaunes, et la cocarde jaune sera prise de tout le monde
sur leur passage. Qu'ils partent le lendemain avec des
cocardes violettes, et le violet sera partout arboré sans
contestation. — C'est triste à dire, j'en conviens, mais
c'est impossible à nier.

Or, quand une nation en est là, et quand ses ci-
toyens ont pris l'habitude d'obéir sans conteste à

____

(1) Pas même dans l'occasion précieuse, unique, admirable,
qui s'est présentée en 1839 et 1840, lors de la requête de
Nancy ; quand les préfets réclamaient eux-mêmes ! quand
trente villes étaient d'accord ! quand il s'agissait du plus sacré
et du moins discutable des intérêts, *de la vie des pauvres !*

quiconque s'empare de son hôtel des postes, forcé est pour elle de placer à tout prix son hôtel des postes derrière une escarpe et une contre-escarpe.

Et puisqu'il le faut, il faut aussi qu'elle le fasse largement et sans rien épargner : les demi-mesures sont toujours de faux calculs, aussi contraires à l'intérêt d'un peuple qu'à sa gloire (1). Pour utiliser, pour transformer en héroïsme la turbulente activité de l'émeute, donnons-lui à défendre, contre l'Europe, des remparts sérieux et solides, propres à soutenir une guerre régulière, où l'ordre puisse se joindre à l'enthousiasme. Fortifier Paris à moitié, n'était pas noble et digne de nous ; que dis-je ? n'était pas même prudent ; car on exposait ainsi la capitale de la civilisation à devenir un champ de bataille. — Semblable ville demande tout ou rien. Pour la protéger et non la compromettre, il faut l'entourer en entier d'une double ceinture de feux.

— Ne pourrait-on pas (disent d'honnêtes gens, que rien n'oblige à être connaisseurs), remplacer cet énergique moyen par la construction d'un nouveau cercle de places ? — Assurément non. Eh ! bon Dieu, nous n'en avons déjà que trop, de ces chétives forteresses, que l'Ennemi, dans ses invasions, laisse de côté sans en prendre souci, et où il nous faut jeter, pour garnison, des régiments de qui l'absence appauvrit notre armée mobile. Conclure, de l'utilité de quatre ou cinq

(1) Loin de nier, que la mesure soit chère, je crois que l'on n'a pas du tout avoué ce qu'elle coûtera. On a dressé un devis modeste, apparemment pour dorer la pilule aux gens économes. Mais, avec les travaux hydrauliques à faire, les mines à creuser, les vastes magasins casematés à construire, ce n'est pas trop que de s'attendre à dépenser cent millions de plus.

grandes places de guerre, qu'il serait bon d'en posséder des centaines, c'est imiter ce personnage, de la comédie des *Fâcheux*, qui proposait de mettre toutes les côtes du royaume en ports de mer.

— Vous comptez donc sur Paris seul, réplique maint opposant; vous dédaignez le secours des départements.

— Erreur énorme ! c'est précisément le contraire. Les efforts des provinces, toujours paralysés parce que le siége du gouvernement était trop vite envahi, aboutiront à quelque chose lorsqu'ils auront le temps de se produire. On sentira l'utilité des membres, quand la tête ne commencera point par faillir.

— Mais Paris même pourra se trouver réduit à capituler.— A la rigueur, soit : dans ce cas affligeant, nous retomberions à peu près au même point où nous en sommes aujourd'hui. En revanche aussi, cette grande ville peut à merveille n'être pas prise ; et, comme d'abord nous en serons nantis, la chance est en notre faveur, puisque les lignes de résistance de Paris nous permettront de livrer, entre la frontière et les Tuileries, deux batailles au lieu d'une seule. D'ailleurs, avec ce genre d'objections, il n'y a rien qui ne fût nuisible et à quoi il ne convînt de renoncer. Toulon est bien tombé quelque temps au pouvoir de l'Étranger : faut-il en conclure que notre patrie aurait avantage à la non-existence des arsenaux et des forts de Toulon ?

— Mais l'entreprise est colossale.—Tant mieux. La France, comme on l'a dit fort bien, est un pays qui s'ennuie ; qui s'ennuie, faute d'un emploi suffisant pour ses forces imaginatives. Or, dans sa position présente, on ne voit pas quelles grandes choses elle pourrait opérer chez autrui : son bonheur vient lui en offrir une à exécuter sans sortir de chez elle. Pourquoi n'aimerait-elle pas à empreindre de vigueur et

de majesté la phase défensive de ses annales , qui va
peut-être durer longtemps ? Son arc de triomphe est
fini , son belliqueux empereur vient d'y passer avec
les pompes du tombeau. Qu'elle se bâtisse maintenant une muraille de la Chine.

Laissons donc crier ses journalistes , et félicitons-
la franchement de l'acte de résolution dont elle vient
de se montrer capable. Ce qu'avait projeté Vauban ,
ce qu'approuvait Napoléon , ce que la Restauration
n'eût pas manqué de vouloir si elle avait régné plus
longtemps , le trône actuel a bien fait de le propo-
ser et les Chambres de le voter.

Il ne s'agit point de sonder , en ceci , les intentions
plus ou moins pures ; de discuter par quelles raisons,
étroites ou louches peut-être, chacun agissait dans
cette affaire ; d'examiner comment a pu se former, du
côté des gouvernants ou des gouvernés , l'heureuse
disposition simultanée dont l'existence était nécessaire
à l'adoption d'un parti si décisif et si imprévu. Le fait
est là , il me suffit. J'en remercie tous les auteurs ; et ,
puisqu'en somme leur œuvre est belle , je ne tiens
pas à la rabaisser , par une sévère analyse de ce qui a
pu se passer dans les coulisses.

Il y a plus : l'étrangeté d'un accord si prompt , si
visiblement formé en dehors des combinaisons ordi-
naires , doit ravir les observateurs croyants , en leur
faisant toucher au doigt l'action de la Providence , re-
connaissable ici à plusieurs circonstances curieuses ,
qu'il serait trop long d'indiquer. En général , de grands
effets , produits par de petites causes ; des concomi-
tances de faits dont l'ordre naturel des choses ne de-
vait pas amener la rencontre ; des hasards , et jusqu'à

des fautes ; donnant origine aux mêmes résultats que les combinaisons les plus habiles : tels sont les trois principaux signes par lesquels, ordinairement, se laisse appercevoir le doigt de Dieu, dans les événements où son intervention devient directe.

J'ai prononcé le mot de fautes, de fautes aussi heureuses que le serait une habileté suprême. Si l'histoire doit en citer quelque jour un exemple frappant, ce sera surtout celui dont nos yeux sont à présent témoins; car, si nous voulons y bien réfléchir, nous verrons que l'avantage immense de pouvoir présenter à l'ennemi, dans les futurs combats, une tête invulnérable et casquée, la France en aura été redevable, humainement parlant, à l'existence, non pas des bons côtés, mais des côtés faibles, de ses trois derniers ministères. Le cabinet Molé, par sa trop grande confiance dans la diplomatie; le cabinet Thiers, par son allure belliqueuse et quelque peu propagandiste; le cabinet Guizot, enfin, par son recul devant les quatre puissances, — auront contribué chacun à nous doter d'une admirable garantie, dont on comprendra plus tard la valeur. Sans l'imprévoyance du premier, nous n'eussions pas été si complétement enlacés dans les filets de la Sainte-Alliance, ni par conséquent si fort tentés de les rompre. Sans la témérité du second et les idées semi-révolutionnaires qui s'attachaient à ses antécédents, notre essai pour nous débarrasser du joug des protecteurs du Grand-Turc n'eût pas amené le danger de la guerre universelle, et ne nous eût pas conduits, par la vue de notre isolement, à la pensée de fortifier Paris. Sans l'humble attitude du troisième, les hostilités auraient commencé; et, dans une lutte si grave, le temps et l'argent nous eussent manqué pour la réalisation du projet, devenu alors aussi impossible que nécessaire.

Ainsi, tout a concouru au but. La duperie avait produit la colère, et la colère le danger. Le danger a ramené la prudence, sous ses deux formes : résignation quant au présent, précaution quant à l'avenir ; et une pensée conçue pour la guerre, c'est la paix qui l'accomplira. Dieu est grand et bon envers nous ; rendons-lui grâces hautement, car il a des vues sur la France.

Oui, chrétiens, il en a d'immenses, comme ses dons et ses miséricordes ; et l'organe de l'intelligence nouvelle, l'éloquent ami de la jeunesse, le représentant de l'avenir, — le Père Lacordaire en froc dans la basilique de Lutèce, — ne disait pas encore assez, naguère, du haut de la chaire métropolitaine, à ses neuf mille auditeurs électrisés, ce que les temps qui s'approchent nous réservent de combats et de victoires, de travaux et de succès glorieux.

Aux sages du monde de s'effrayer du sommeil de notre patrie ; à eux de le prendre pour un indice de décadence et de mort prochaine. Nous savons, nous, qu'il n'en est point ainsi. Dieu ne tue pas les nations avant qu'elles n'aient rempli leur rôle.

Doué d'une force de prosélytisme incomparable, le peuple français, tant qu'il a eu des convictions, a puissamment, énergiquement agi : mille ans au moins pour la Vérité, ensuite et trop longtemps pour l'Erreur. Maintenant, à peine dégagé des embrassements de celle-ci, qui le retient par sa robe comme la femme de Putiphar, il se retourne bien vers celle-là, mais avec un reste d'incertitude. Dans le tiraillement qu'elle éprouve entre des vœux opposés, la France n'a point encore de profession de foi. Dépourvue de doctrines fixes, comment aurait-elle une action !

Mais attendez qu'elle s'en refasse, des principes de conduite. Ne les voyez-vous pas déjà poindre, et ne commencez-vous pas à sentir de quel côté le vent souffle pour elle ?

Ceux dont l'œil est inattentif peuvent conserver des doutes sur sa tendance, parce que les mouvements d'un grand corps sont lents et quelquefois contradictoires ; mais quiconque y regarde de près, bénit Dieu de l'issue probable de la crise dont elle souffre. Les connaisseurs ne s'arrêtent point, en ceci, à des phénomènes hideux, — symptômes trompeurs, effets qui survivent à leur cause. — Que la masse paraisse (et c'est trop certain) s'enfoncer de plus en plus dans le mal : ils observent la tête, la tête, qui se relève et vise au bien.

Tandis que nos petites villes, avec les faubourgs de nos grandes, conservent la corruption ; tandis que nos campagnes l'acquièrent (car les turpitudes de la Régence achèveront leur cercle infâme , et la coupe d'iniquité descendra jusqu'au banquet des dernières classes) ; voyez l'expression culminante du pays, Paris, — le Paris du savoir et de la pensée, — restituer par degrés au christianisme, d'abord de l'estime, puis des égards et du respect, puis de l'admiration, puis de l'étude, puis des essais d'adhésion; puis enfin (par une avant-garde qui précède le corps d'armée), soumission positive, croyance, obéissance, observance.

La troupe n'en est pas nombreuse, de ces nouveaux

catholiques ; mais quels sont-ils ? Les hommes les plus indépendants, les plus sensés, les plus instruits, les plus honorables de leur époque. Qui donc fournit tant de convertis à l'archiconfrérie des Petits-Pères, sinon surtout les rangs éclairés de la société ! Qui sont donc les quinze cents jeunes gens qui, sous la bannière de saint Vincent de Paul et sous les auspices de la prière, consacrent la moitié des heures de leur divertissement, chaque semaine, à porter aux indigents, dans tous les galetas de Paris, des aumônes, des consolations et des livres pieux ? Qui sont-ils, dis-je, sinon des enfants de famille ! sinon la fleur de l'école de droit, de l'école de médecine, de l'école polytechnique, de l'école normale !

Il y a cent ans, notre nation, comme une larve dégoûtante, se traînait sur des immondices ; et ses grands, ses nobles, ses philosophes, ses poëtes, abrutis par une obscène et railleuse incrédulité, n'avaient pas une aspiration, pas un regard, pour l'éternel royaume des saints. Déjà moins éprise des choses d'en bas, son élite s'en est détachée. Cent ans encore, elle aura pris des ailes, et, nourrie du miel des calices odorants, elle se balancera, régénérée, entre la terre et le ciel.

Vous vous effrayez de la langueur et de l'indécision de la France. Mais, après tout, cette torpeur, de bon augure, annonce qu'elle va cesser de ramper. L'ignoble chenille du dix-huitième siècle se prépare à devenir l'éclatant papillon du vingtième. Laissez donc, laissez la chrysalide s'envelopper de sa rude écorce, pour y passer dans un repos apparent, dans un travail intérieur, le temps de la transformation. Cette écorce, que vous méprisez, abritera les germes de la vie, et protègera, chez l'être futur, jusqu'à ce que l'heure de son vol soit venue, la gaze naissante de

ses rames aériennes, — réseau d'azur, de pourpre
et d'or.

Elle ne saurait être trop épaisse, la carapace de notre
grande ville, pour résister aux chocs énormes que
celle-ci peut avoir à subir. Ces chocs seront tardifs,
peut-être, mais violents, on doit le craindre ; et, à
rendre Paris imprenable, il n'y va pas seulement d'un
intérêt national, mais universel ; de l'intérêt (faut-il le
dire ?) de la civilisation et de la foi.

Je vois, à ce mot, l'étonnement se peindre sur bien
des visages. Tous les politiques à vue courte vont mur-
murer : « Comment cela ? »

Ah ! c'est qu'à travers ses passions, ses folies dont
il faut convenir, la France, toujours généreuse, vaut
mieux que sa réputation. Malgré nos erreurs subsis-
tantes, nous avons fait justice d'une foule de préjugés
irréligieux, restés très-vivaces ailleurs. Désabusés au
moins du jansénisme et de l'ultra-gallicanisme, nous
sommes, au fond, plus catholiques que nous ne croyons
l'être. Le Saint-Siége, qui s'y connaît, continue de
voir, dans les descendants des vainqueurs de Tolbiac
et de Poitiers, les fils aînés de l'Église de Dieu ; et des
personnes dont le témoignage est grave rapportent avoir
entendu, de la bouche même du souverain pontife ré-
gnant, que, tout compensé, la France est encore aujour-
d'hui, des divers pays de l'Europe, celui qui donne le
moins d'afflictions et d'angoisses à la légitime épouse de
Jésus-Christ. Or, dans son équité bienveillante à notre
égard, le Seigneur, nous proposant, comme épreuve et
comme récompense, un sujet de mérite à gagner, a
fait en sorte de nous donner, pour rivaux jaloux, les
adversaires tout ensemble du Progrès et de la Papauté.
A une époque où tous les opprimés sont catholiques,

où tous les oppresseurs sont plus ou moins hétéro-
doxes, ce n'est pas sans dessein que la Providence
tourne vers nous l'affection des peuples malheureux, et
nous constitue leurs défenseurs moraux. Si, par la
suite, on osait nous demander compte de notre blâme
et de leurs sympathies, la coalition que nous aurions
à regarder en face se trouverait être précisément la
ligue anti-romaine; et, rentrés ainsi sans l'avoir cher-
ché, dans leur vocation primitive, les fils des Francs
et des Gaulois redeviendraient les champions avoués
de tout ce qui est juste et vrai. Le glaive de Clovis, de
Martel, de Charlemagne, de saint Louis, de D'Aubus-
son, de l'Isle-Adam, de La Valette, aurait à la fin recon-
quis sa laborieuse et magnifique destinée.

A quelque maladresse que puisse être dû l'état présent de nos affaires, il importe peu de la rechercher, et
moins encore sied-il d'injurier à cet égard personne;
car l'isolement où nous sommes tombés est une faveur
de la Providence, qui nous préserve d'alliances em-
poisonnées. En dépit des replâtrages diplomatiques
que l'on attend, IL DURERA, parce que nous en avons
besoin, afin de demeurer *nous-mêmes*; afin d'échapper
à l'ascendant, faussement amical, du grécisme, du pro-
testantisme, de l'anglicanisme et du joséphisme, qui
siégent sur les quatre trônes malveillants pour Rome et
pour nous.

Placée la première sur la brèche partout où l'on at-
taquait la Chrétienté, et notamment en Orient (où, grâce
à elle, le nom de Franc est devenu le titre général dont
s'honorent les Européens), la France y fortifia Rhodes
et Malte; elle y versa le plus pur de son sang, pour re-
pousser l'influence fataliste et charnelle du livre de
Mahomet. Maintenant, que le lien musulman se dis-

sout, et que la procession du Saint-Sacrement passe, tranquille et respectée, dans les rues de Constantinople, le rocher maltais n'aurait plus d'importance entre les mains d'une milice catholique, et la cité Valette a succombé lorsqu'elle allait ne plus servir à rien. Désormais, il faut à la Religion et à la Liberté un autre abri, contre leurs ennemis armés. — Or, si l'Islamisme se meurt, le Schisme et l'Hérésie sont debout ; le Schisme principalement, avec sa tendance despotique, envahissante, infatigable. Ce que furent les califes, et après eux les sultans de Stamboul, les czars le sont aujourd'hui ; les czars, qui réalisent, au degré culminant, cette double domination sur les corps et les âmes, cette semi-divinité, idéal du parfait absolutisme, plus ou moins réclamée par tous les monarques non catholiques, et si vivement ambitionnée par les empereurs allemands du moyen-âge. Le péril a cessé au Levant ; il est au Nord, et de ce côté doit être porté dorénavant le point de défense. C'est en face du Nord que les besoins actuels réclamaient l'érection d'une barrière imposante, boulevard de la civilisation. Voici que Dieu lui-même nous en désigne la place ; et là Rhodes, la Malte moderne, la citadelle de l'avenir, sera Paris.

Résumons-nous.

Sous le rapport vulgaire et terrestre, c'est déjà un événement hors de ligne que le dernier vote des deux Chambres. Pour la France, n'en doutons pas, une bonne enceinte et des forts réguliers, qui couvriront sa capitale, sont une fortune égale, ou supérieure, à ce que lui vaudraient quinze départements de plus et la reprise de la ligne du Rhin. Les murailles de Constantinople, on a eu raison de le dire en histoire, ont prolongé de près de huit cents ans l'existence du

Bas-Empire (1) : celles de Paris feront respecter la vieillesse de notre patrie et la sauveront du joug étranger, pendant les siècles plus ou moins longs que le Ciel lui réserve encore.

Sous un rapport plus élevé, la chose n'est pas moins heureuse, moins consolante et remarquable, comme indice providentiel. Dieu n'avait pas, en effet, POUR RIEN, fait si brillamment refleurir au milieu de notre Babylone, au centre même des cupidités et des débauches (2), le culte de sa sainte Mère. Tant de pieux succès inattendus devaient y faire présager une autre grâce : la voici.

Il ne sera donc point brisé, ce réceptacle confus de toutes les doctrines, vaste et féconde matrice où s'élaborent à la fois le mal et le bien, mais où le bien commence à prévaloir ; ce Paris, où, depuis dix ans, les aumônes ont presque doublé ; où l'amour de Jésus et du prochain pousse hardiment les catholiques, non plus seulement à dépenser leur fortune en bonnes œuvres, mais « à s'y dépenser eux-mêmes (3) » ; ce Paris où plus de mille hommes, de la génération présente, portent aujourd'hui sur le cœur la médaille de Marie, et qui, rendu par eux invincible, semble cette tour de David *où pendent mille boucliers* (4).

Non, il ne sera point brûlé, comme l'annonçaient des prédictions sans auteur et sans caractère : rêveries

(1) Sans la force de ces remparts, la catastrophe finale de 1453 fût inévitablement arrivée de 672 à 680.

(2) La paroisse des Petits-Pères, noyau de l'Archiconfrérie et, depuis trois ans, principal théâtre de la conversion des pécheurs, est situé, comme on sait, entre le Palais-Royal, la Banque, la Bourse, les théâtres, les maisons de jeu et les maisons de femmes.

(3) S. Paul. *Epist. II ad Corinth. cap.* 12, *vers.* 5.

(4) Salom. *Cant. cantic. cap.* 4. *vers.* 4.

dont la folle assimilation aux prophéties des Livres saints, partait d'une témérité voisine du sacrilége. Non, quoique rongée d'athéisme, quoique inondée de turpitudes, la capitale de la France n'aura point le sort des villes d'où s'échappa le neveu d'Abraham; car, si elle possède vingt fois le nombre des habitants que renfermait Sodôme, elle a plus de vingt fois, aussi, les *dix justes,* en faveur desquels le feu céleste aurait jadis épargné la cité coupable. Désormais donc, elle peut, même dans l'ordre temporel, elle peut, dis-je ressaisir l'espérance, puisqu'elle est redevenue la ville de la charité, puisqu'elle redevient celle de là foi. Sans doute elle n'accomplira pas sans efforts sa longue tâche, interne et puis externe. En l'excitant à s'épurer pour épurer autrui, Dieu lui laissera payer cher l'insigne et périlleux honneur de rétablir par degrés sa loi; d'y employer, avec persévérance, cette forte parole, et au besoin, cette forte épée, dont une longue apostasie lui a fait faire un si déplorable usage; mais, si elle se montre fidèle à ses grâces, ses grâces ne lui manqueront point. Comme ces chevaliers d'autrefois, qui, en partant pour le combat afin de redresser les injustices, n'emportaient pour sécurité que deux choses, — une armure de bonne trempe et un regard de leur pudique châtelaine, — le Paris du dix-neuvième siècle, au moment de *reprendre la croix,* et de rompre bientôt ses vieux pactes avec les ennemis du Seigneur, reçoit, des bontés d'en haut, deux grands secours, qui lui suffisent : — au dehors, des remparts et du canon; au dedans, Notre-Dame-des-victoires.

P. G.-D.

NANCY, IMPRIMERIE DE RAYBOIS ET Cⁱᵉ.